GENIESSER BIBLIOTHEK

Il Porto
Portwein

Kostbarer
Dessertwein

Leonardo Romanelli

Deutsch von Susanne Bunzel

FLECHSIG

Die italienische Originalausgabe ist bei
Nardini Editore in Florenz/Italien unter dem Titel
*Il Porto. Le umili origini e la gloriosa ascesa di
un grande vino* erschienen.
Redaktion: Andrea Galeazzi

Genehmigte Lizenzausgabe für Flechsig
Buchvertrieb in der Verlagshaus Würzburg
GmbH & Co. KG, Würzburg 2007
Übersetzung aus dem Italienischen
von Susanne Bunzel – Droemersche
Verlagsanstalt Th. Knaur Nachf. GmbH & Co.
KG, München

Umschlaggestaltung: Lorenzo Crinelli
Umschlaggestaltung der deutschen Ausgabe:
Silberwald – Agentur für visuelle
Kommunikation, Würzburg
Umschlagillustration: Weinlese, Illustration einer
italienischen Handschrift, 14. Jahrhundert
Printed in Italy

ISBN-13: 978-3-88189-645-0
ISBN-10: 3-88189-645-7

Unser gesamtes Programm finden Sie unter:
www.verlagshaus.com

GESCHICHTE DES PORTWEINS

Die Ursprünge

Die Geschichte des Portweins ist keine gewöhnliche Geschichte. Entstehung, Entwicklung und der weltweite Erfolg dieses Weines sind in der Tat beeindruckend. Es ist auch außergewöhnlich, daß ein Land mit einem so heißen und sonnigen Klima wie Portugal einen Wein hervorbringt, der sogar zu einem Winterabend am Kaminfeuer paßt.
Die Stadt Porto, nach der der Wein benannt ist, liegt erstaunlicherweise hundert Kilometer vom eigentlichen Anbau- und Herstellungsgebiet entfernt und dürfte damit im internationalen Weinbau wohl eine Sonderstellung einnehmen. Porto ist allerdings der Ort, an dem der Wein reift und von dem aus er in alle Welt exportiert wird.
Portwein entstand eigentlich mehr aus Zufall, weil die Länder Europas sich ständig bekriegten und die Portugiesen ihren Wein nicht absetzen konnten, und eroberte später große Marktanteile in aller Welt.

Im Dourotal, dem heutigen Portweingebiet, gedeihen bereits seit der Jungsteinzeit Reben, wie man anhand von Funden von fossilen Traubenkernen und karbonisierten Rebreisern am oberen Flußlauf feststellen konnte. Aber erst mit den Römern fanden Weinbau und Weinherstellung, welche bis heute nicht an Bedeutung verloren haben, in ganz Portugal Verbreitung. Noch heute kann man Kellergewölbe besichtigen, die in jener Zeit in den Fels getrieben wurden, und Mosaiken betrachten, auf denen Weinbauszenen abgebildet sind.
Der Weinbau wurde auch während der Herrschaft der Mauren nicht unterbrochen, obwohl das islamische Regime den Konsum alkoholischer Getränke drastisch eingeschränkt hatte. Glücklicherweise verzichteten die maurischen Herrscher über Portugal darauf, ihre eigenen Auffassungen mit Gewalt durchzusetzen.

Eine Wende im Weinbau

Nach einer relativ ruhigen und ereignislosen Epoche tritt im 11. Jahrhundert eine drastische Wende im Weinbau ein. Heinrich II. von Burgund, Cousin des sehr mächtigen Herzogs Philipp, eilte den Portugiesen zu Hilfe, die an der Seite Alfons' VI., König von Kastilien und León, gegen die Mauren kämpften und

siegten. Als Gegenleistung für seine Unterstützung erhielt Heinrich die Hand der unehelichen Tochter Alfons', Teresa. Die Mitgift der Braut umfaßte Ländereien, die etwa einem Drittel des heutigen Portugals entsprachen, auch das Dourotal gehörte dazu. Als Franzose und Weinliebhaber ließ Heinrich in den für den Weinbau geeigneten Landstrichen neue Rebsorten anpflanzen, die die Sorten, die von Römern und Griechen ins Land gebracht worden waren, ergänzen sollten. Noch heute ist die »Touriga Francesa« eine sehr weit verbreitete Rebsorte. Sie ist vermutlich aus einer Kreuzung autochthoner Sorten mit fran-

zösischen Rebsorten, namentlich Pinot noir, hervorgegangen. Alfons I., der Sohn Heinrichs, setzte sich ebenfalls für den Weinbau ein und verbot mit einem Edikt »das Abholzen aller Reben auf lusitanischem Boden, weil sie zum königlichen Besitz gehören.« Mitte des 13. Jahrhunderts ließ König Dionysius I., »der Landwirt«, im Dourotal neue Weingärten anlegen.

Der Vorgänger des heutigen Portweins hieß Vinho de Lamego und konnte so große Erfolge verbuchen, daß Portugal und England 1373 das erste einer langen Reihe von Handelsabkommen unterzeichneten. Als Gegenleistung für die Lieferung von Lamego-Wein durften die Portugiesen vor der britischen Küste Kabeljau fischen. Dieser Wein, der damals bereits berühmt und geschätzt war, begleitete denn auch die großen Eroberungen portugiesischer Seefahrer, war er

doch haltbar und auch während ausgedehnter Seefahrten von gleichbleibender Qualität.
Der damalige Wein hatte jedoch wenig mit dem Portwein von heute gemeinsam. Er war trocken, adstringierend und auch ohne die heute übliche Zugabe von Alkohol äußerst stark. Er war das Getränk der armen Leute und Matrosen und noch weit entfernt vom Wein des englischen und europäischen Adels, zu dem der Port in den folgenden Jahrhunderten aufsteigen sollte.

Entstehung des Portweins

Wie aus alten Zoll- und Ausfuhrdokumenten hervorgeht, wird 1678 zum ersten Mal offiziell die Bezeichnung »Porto« für die Weine aus dem Dourotal ver-

wendet. Doch bereits drei Jahre zuvor erwähnt Ribeiro de Macedo in seinen Schriften sogenannte »Weine aus Porto«.

Portwein entsteht in derselben Ära wie Champagner und die neuen französischen Clarets und ist wie sie Zeichen für einen gewaltigen Wandel in der damaligen Weinherstellung.

Während die Weine in Frankreich jedoch entstanden, um die Bedürfnisse einer wohlhabenden Klientel vor Ort zu befriedigen, führten in Portugal genau entgegensetzte Motive zur Herstellung eines völlig neuen Weines. Portwein ist damit der erste Wein, der entstanden ist, um die Vorlieben eines Volkes zu befriedigen, das nicht im Herstellungsgebiet des Weins zu Hause war. England zwingt Portugal zu zahlreichen Veränderungen im Weinbau, um den gewaltigen Weinmangel auszugleichen, der durch das Embargo gegen Produkte des Kriegsgegners Frankreich entstanden war.

Die Ursachen für die Leichtigkeit, mit

der England diese Revolution im Weinbau vollführen konnte, sind in der starken wirtschaftlichen Abhängigkeit zu suchen, in der die Portugiesen während der Besetzung durch die Spanier geraten waren.
Für England stellte Portugal eine Art Kolonie dar, die nach Lust und Laune ausgenutzt und ausgebeutet werden konnte. Somit verlangten die Engländer

gewagte Experimente, weil sie wußten, daß sie im Falle eines Mißerfolgs auf andere Märkte zurückgreifen konnten. Da in England selbst keine Reben angebaut werden konnten, mußten die Bestände in den südlichen »Besitztümern« genutzt werden.
Als die englischen Kaufleute gegen Ende des 17. Jahrhunderts auf der Suche nach exportfähigem Wein Portugal gera-

dezu belagerten, weil sie aus Frankreich keinen Wein beziehen konnten, befand sich die portugiesische Landwirtschaft in einem, gelinde gesagt, desolaten Zustand. Weinbau stand bei den Interessen des Adels und der portugiesischen Kaufleute gewiß nicht an erster Stelle, weshalb auch nur wenig oder gar nichts für die Verbesserung des Produkts getan wurde. Fässer, in denen der Wein reifen sollte, gab es fast nicht, und die wenigen, die ihren Weg in einen Keller fanden, lagerten dort viel zu lange, verrotteten und stanken aufgrund der Ablagerungen, die sich in ihrem Inneren bildeten. Der Großteil des Weines wurde in großen, schmutzigen und stinkenden Bottichen, sogenannten »lagares« gekeltert, worunter die Qualität des Weines natürlich von vornherein litt. Die modernen Nachfahren der Lagares werden heute in den Weinbergen aufgestellt, damit man die Trauben sofort absetzen und vor Ort pressen kann.
Vertrieb und Transport erfolgten damals in Schläuchen aus Ziegenleder, die auch

noch dem letzten bißchen Aroma und Geschmack des Weins den Garaus bereiteten.

Um die Weinerzeugung auf ein annehmbares Niveau zu hieven, bedurfte es einer fremden Hand, die die verheerenden Zustände in Weinberg und Keller eindämmen konnte. Und so begannen sich die Engländer neben den Holländern und Schotten ernsthaft der Sache anzunehmen.

Von humanitären oder philanthropischen Gedanken waren sie sicher nicht geleitet; vielmehr sahen sie hierin die einzige Möglichkeit, die südlichen Besitzungen auszubeuten. Die Arbeiten gestalteten sich jedoch weitaus komplizierter als vorherzusehen war. Man beschloß daher kurzerhand, heimlich französischen Wein nach Portugal einzuführen. Denn damit holte man sich ein Produkt von ansprechender Qualität ins Land. Trotz Krieg und Patriotismus war man eben auch und vor allem geschäftstüchtig.

Die englischen Kaufleute schauten also

nicht tatenlos zu. Sie wußten, daß die Beziehungen zwischen England und Frankreich auf lange Zeit belastet sein würden und suchten Alternativen zum Schmuggel, der sich ohnehin nur unregelmäßig und in kleinen Mengen bewerkstelligen ließ. Sie durchforsteten deshalb ganz Spanien und Portugal nach geeigneten Gebieten, in denen man Weinbau im großen Maßstab hochziehen konnte.

Galicien und Monçao waren als Weinbauregionen bereits zu renommiert, als daß sich dort ein Einstieg wirtschaftlich lohnte. Die mutigeren Kaufleute wagten sich bis ins obere Dourotal vor.

Die Suche gestaltete sich schwierig, denn Orte und Menschen zeigten sich unzugänglich. Außerdem war der Wein, der dort hergestellt wurde, wirklich miserabel. Die Erzeugnisse waren extrem tanninhaltig, weil die Trauben zusammen mit den Stielen vergoren wurden. Die Weine waren zudem sehr säurehaltig, und ihr Duft war durch den Transport in geharzten Schläuchen ein für allemal dahin.

Nur die Mönche waren damals in der Lage, einen trinkbaren Wein herzustellen. Die Reben wurden auf den Ländereien der Klöster angebaut, und beim Keltern wurde in den Klöstern auf die Einhaltung der hygienischen Mindestanforderungen geachtet. Ihr Wein hieß in England schnell »Priest-Port«. Dieser Name wurde fast zu einer frühen Form von Schutzbezeichnung, denn auf der anderen Seite des Ärmelkanals verband man damit einen gewissen Qualitätsstandard.

Beim Besuch in einem dieser Klöster sollen zwei junge Engländer das Spriten des Portweins (das Hinzufügen von Neutralalkohol) entdeckt haben. Die Söhne eines Weinhändlers aus Liverpool wurden nach Portugal geschickt, um Erfahrungen zu sammeln und ein paar gute Fässer mit nach Hause zu bringen. Als Gäste des Abts von Lamego durften sie seine Weine probieren, die außerge-

wöhnlich weich und ansprechend ausfielen. Die Engländer fragten den Abt nach dem Geheimnis dieser Qualität. Der Abt gestand ohne Umschweife, daß er seinem Wein während der Gärung Branntwein zusetzte. Er hatte diesen Kunstgriff von einem spanischen Klosterbruder gelernt und seinem Wein seither Branntwein aus der Gegend beigemengt.

Als die Suche nach guten Weinbauregionen nicht zufriedenstellend verlief, hatten die Engländer praktisch keine andere Wahl, als ihren Weinbau im Dourotal voranzutreiben und die herrschenden Produktionsverfahren vollständig umzukrempeln.

Am wichtigsten war zunächst die Einhaltung einer gewissen Hygiene. Die Ziegenschläuche wurden durch große Holzfässer ersetzt. Obwohl man bereits wußte, daß Wein in Fässern weitaus besser reifen kann, geschah die Umstellung auf Fässer allein aus wirtschaftlichen Gründen. Der Wein wurde in meerfernen Gegenden produziert und mußte per

Schiff auf dem Fluß in die Handelshäfen gebracht werden. Holzfässer waren für den langen Transportweg besser geeignet. Schon bald wurden die großen, mit Fässern beladenen Flußkähne, zu einem gewohnten Bild.

Die »barcos rabelos«

Die »barcos rabelos« oder Flußkähne konnten bis zu vierzig Fässer transpor-

tieren und auch die Stromschnellen des Douro unbeschadet passieren. Obwohl der Flußlauf inzwischen reguliert wurde, beeindruckt er auch heute noch an manchen Stellen durch seine heftigen Strömungen.
Bei den »barcos rabelos« handelte es sich im Grunde um relativ einfache Schiffe:

ein einziger Mast, sechs große Ruder, die von einer geübten Mannschaft im Stehen bedient wurden.
Heute kann man diese Kähne nur noch bei Regatten und Festen sehen, die von den Portweinfirmen ausgerichtet werden.

Typische Eigenschaften

Im 18. Jahrhundert begann man, den Portwein gegen Ende der Gärung mit Branntwein zu spriten, weil man glaubte, daß das Destillat den Wein auf seiner langen Reise vor Verfall schützen würde. Vielleicht schmeckte der Wein auch einfach sehr viel besser.
Infolge des Abkommens von 1703 zwischen England und Portugal erlebte der Portwein einen regelrechten Aufschwung. Den ersten Vertrauensbeweis lieferte Queen Anne mit der Bestellung von 10 Pipen Port. Eine Pipa, die damals übliche Mengenbezeichnung, entspricht ungefähr 550 Liter.
Portwein wurde in England geschätzt und nicht um jeden Preis mit den berühmten Weinen Frankreichs verglichen. Das Getränk wurde Gegenstand politischer Auseinandersetzungen und des britischen Stolzes. Bänkelsänge und Volkslieder verspotteten französische Weine und lobten den Portwein. Jonathan Swift schrieb um 1730: »Sei deiner Heimat bisweilen treu. Denke auch

einmal an das Wohl des Volkes. Verachte bei Hofe Champagner, geh lieber nach Hause und trink bei Tisch einen Port.«
In England machte sich die Auffassung breit, daß Portugal und besonders das obere Dourotal die Probleme, die infolge des Weinmangels entstanden waren, beheben könnte. Inzwischen hatte man die Qualität der Douroweine objektiv verbessert und im Laufe der Jahre stabilisiert, so daß mit der Portweinproduktion in großem Maßstab begonnen werden konnte. Wo früher nur Felsen und vereinzeltes Macchiagestrüpp zu sehen waren, liegen heute Rebterrassen, die unter großen Mühen von Menschenhand geschaffen wurden.

Panschereien

Nachdem das Qualitätsproblem beseitigt war, begannen die englischen Kaufleute die Preise neu zu gestalten. Sie bauten gewaltige Lagerhäuser in Vila Nova de Gaia an der Douromündung, wo die Schiffe leichter anlegen konnten als in Oporto am anderen Douroufer. Die Kaufleute wollten ein Kartell bilden, um

die Erzeugerpreise so weit wie möglich zu drücken. Nur einmal gelang es den portugiesischen Winzern aufgrund besonders günstiger wirtschaftlicher Umstände, sich der englischen Übermacht zu widersetzen.

Diese günstigen Umstände währten jedoch nicht lange, weil viele englische Kaufleute sich nicht mehr in jene Region wagten und ihren Port in Eigenregie herstellten. Da sie davon ausgingen, daß ihre Landsleute vom Wein ohnehin nichts verstünden, begannen sie unverhohlen mit dem Panschen. Einem minderwertigen Grundwein setzten sie eine größere Menge Alkohol zu, färbten den Wein mit Holundersaft und aromatisierten ihn mit getrockneten Pfefferschoten, weil die scharfe Note dem damaligen

Modegeschmack entsprach. Mit diesen »Weinen« überschwemmten sie den Markt (ein billiges Produkt von schlechter Qualität) und ließen die Preise für echten Port in den Keller purzeln.
Schnell schob man sich gegenseitig die Schuld an dem Portweindebakel in die Schuhe. Die Portugiesen warfen den englischen Kaufleuten vor, das Grundprodukt, das ihren Worten zufolge die Kellereien in einwandfreiem Zustand verließ, zu verpanschen. Die Engländer beklagten, daß die portugiesischen Winzer nicht in der Lage seien, die von

der Natur geschaffenen Voraussetzungen optimal zu nutzen, um hochwertigen Wein herzustellen.
Sie verschwiegen jedoch, daß ihre Preispolitik und schludrige Zahlungsmoral den Weinbau bereits im Keime zu ersticken drohten.
Erst eine Naturkatastrophe setzte den ständigen Diatriben ein Ende: das Erdbeben von Lissabon, das die Stadt bis auf die Grundfesten zerstörte.

Die »Douro Wine Company« und die Gesetze zum Schutze des Weins

Auf Initiative von Sebastiao de Carvalho, Premierminister Königs José I. und späterer Marquis de Pombal, wurde die »Companhia Geral da Agriculturados Vinhos do Alto Douro« gegründet. Die schon bald »Douro Wine Company« genannte Monopolverwaltung kontrollierte den Portweinhandel. De Pombal stammte aus dem Dourotal, war entscheidungsfreudig und machthungrig und galt als aufgeklärter Diktator.
Der Marquis brachte ein Gesetz ein, das nach französischem Vorbild die Qualität des Weines und sein Ursprungsgebiet schützen sollte. Er ließ die Anbaugebiete, die die für Portweinherstellung geeigneten Trauben liefern konnten, genau festlegen. Sein Gesetz ist praktisch das erste moderne Gesetz zum Schutz eines

Weines und Weinbaugebiets. De Pombal stattete seine Gesellschaft mit weitreichenden Machtbefugnissen aus, sie durfte die Einhaltung der Portweingesetze notfalls sogar mit Hilfe des Militärs durchsetzen. Die Gesellschaft konnte die Verkaufspreise für Port diktieren, den Wein in zwei Kategorien für den Binnenmarkt bzw. für den Export unterteilen, den Branntweinhandel für das Spriten kontrollieren.

England nahm die Gründung der »Douro Wine Company« nicht sehr enthusiastisch auf, beschnitt sie doch ihre eigene Macht auf dem portugiesischen Markt. De Pombals Verdienst lag jedoch nicht nur in der Eindämmung der britischen Übermacht, sondern in der Qualitätsverbesserung des Portweins, wie andere Entscheidungen aus jener Zeit verdeutlichen: das Abholzen der Holunderstauden, die zum Einfärben des Weins genutzt wurden; das Verbot von tierischem Dünger in den hochwertigen Portweingebieten; die Anpflanzung neuer Rebzeilen in geeigneten Anbauregionen.

Damit beginnt nun die glückliche, wenn auch nicht ganz sorgenfreie Zeit des Port. Die Konkurrenz mit dem spanischen Sherry wurde immer schärfer, weil der spanische Wein über Jahre hinweg gleichbleibende Qualität aufwies, Port jedoch in einer ständigen Identitätskrise steckte und sich deshalb international nicht durchsetzen konnte. Die Käufer beschwerten sich, daß die organolepti-

schen Eigenschaften des Ports zu sehr schwankten. So kauften sie schließlich die Quintas oder Kellereien, wo sie nach ihrem Gusto den gewünschten Wein herstellen konnten. Bald bemerkten sie jedoch, wie schwierig es war, ihre Forderungen, die sie früher an die Erzeuger gestellt hatten, selbst umzusetzen – nicht zuletzt wegen der starken Klimaschwankungen im Anbaugebiet. Auch der Zusatz von Branntwein, mit dem man gewisse Qualitätsunterschiede ausgleichen konnte, reichte in besonders schlechten Jahren nicht aus. Um nicht ganze Partien Wein vernichten zu müssen, spritete man den Port leider so stark, daß seine Karriere wieder einmal gefährdet war.
Erst Joseph James Forrester, Sohn eines britischen Exporteurs, konnte mit seiner Arbeit das Blatt wenden. Forrester war kultiviert, belesen, aufgeschlossen und lernte sogar Portugiesisch, was kein Exporteur vor ihm jemals für notwendig erachtet hatte. Seine Sprachkenntnisse ermöglichten ihm, die sozialen Gege-

benheiten des Landes aus erster Hand kennenzulernen und direkten Kontakt mit den Bauern aufzunehmen, die an der Weinherstellung noch in großem Maß beteiligt waren.

Forrester legte außerdem sehr detailgenaue Landkarten an. Zu seinen berühmtesten Werken gehören eine Douro-Karte und eine Karte, die die umliegenden Weinbaugebiete ausweist und klassifiziert. Diese Einteilung blieb im Laufe der Zeit bestehen, denn die von Pombal als besonders geeignet eingestuften Zonen erwiesen sich in der Tat als äußerst fruchtbar und ertragreich.

Als ein Großteil der Reben in ganz Europa dem Mehltau zum Opfer fiel, ließ er das Problem und mögliche Lösungswege untersuchen – mit hervorragendem Ergebnis. Forrester studierte eingehend die Kellerarbeit, die sich im Laufe eines Jahrhunderts kaum geändert hatte. Auch die Probleme waren die gleichen geblieben: Holundersaft zum Färben, billiger Branntwein zum Spriten. Laut Forrester war es absolut unnötig, einen Wein, der auch ohne die Zugabe von Alkohol hervorragend schmeckte, zu spriten. Und heute legen einige Erzeuger, die auf das Aufspriten verzichten, hochwertige Weine vor. Der englische Verbrauchergeschmack blieb jedoch unverändert, und so setzte man dem Wein nach wie vor Alkohol zu.
Damals begann man auch, mit lange in Holzfässern oder Flaschen gereiften Weinen zu experimentieren, und erzielte je nach verwendetem Rohmaterial sehr unterschiedliche Ergebnisse.
Seither hat sich nur mehr wenig geändert. Allerdings wurden die Rebflächen vergrößert, und immer mehr englische Firmen ließen sich in Portugal nieder.
1907 wurde das von Pombal initiierte Gesetz leicht, 1926 grundlegend abgeändert. Alle Exportfirmen müssen nun in Vila Nova de Gaia eine eigene Kellerei besitzen. Damit konnte man zwar die Herstellungmethoden besser überwachen, spielte aber auch die Portweinproduktion in die Hände der großen engli-

schen und portugiesischen Unternehmen, gegen die sich die kleinen Winzer am Douro nicht durchsetzen konnten. Erst 1986 wurde dieses Gesetz abgeschafft und der Markt auch für andere Betriebe geöffnet.

HERSTELLUNG
UND WEINBAU

Portweinherstellung

Ende des Sommers hält sich alles bereit für den wichtigsten Augenblick im Weinjahr: die Lese. Sie erfolgt gewöhnlich zwischen Ende September und Anfang Oktober und wird auch heute noch fast ausschließlich von Hand erledigt, denn das steile Terrain, auf dem die Rebzeilen gedeihen, ist nur selten maschinengängig.

Die Arbeit wird gleichmäßig auf Frauen und Männer verteilt. Die Frauen lesen die Trauben, während die Männer das Lesegut in großen Kiepen auf ihrem Rücken zu den Sammelstellen tragen.

Traktoren stehen an den Straßen in den Weingärten bereit und transportieren die Trauben an ihren Bestimmungsort.
Die Kelleranlagen der »Quintas«, der portugiesischen Weingüter, liegen meist inmitten der Weinberge. Die Trauben kommen somit rasch in die »lagares« oder Granitwannen, wo sie dann traditionsgemäß mit den Füßen zertreten wurden. Dieses alte Verfahren überlebt jedoch nur noch in wenigen Betrieben, die Touristen etwas fürs Auge bieten wollen.
Das Einmaischen erfolgt heute meist mit modernen Anlagen und Verfahren wie der sogenannten Autovinifikation. Dabei nutzt man den Druck der Kohlensäure, die beim Keltern entsteht. Dadurch steigt der Saft über die »Kappe« der Traubenschalen nach oben. Auf diese Weise zieht man erheblich mehr Farbe

aus den Schalen, was wichtig ist, weil beim späteren Aufspriten ein Großteil der färbenden Substanzen wieder verschwindet. Für eine kräftige Farbe, guten Körper und Restzucker muß die Mazeration in kurzer Zeit abgeschlossen werden.

In den modernen Kellereien besitzen die Stahlwannen, in die das Lesegut geschüttet wird, mechanische Rührwerke. Die Trauben werden also mit Zentrifugen gepreßt, die die Traubenschalen völlig zerfetzen.

Meist werden die Trauben völlig entrappt, in manchen Jahrgängen läßt man jedoch einen Teil der Stiele an den Früchten, um einen tanninhaltigeren Wein herzustellen. Einige Portweinkellereien wollen auf diese Weise ihrem Wein eine besondere Note verleihen.

Der Beginn der Gärung unterscheidet

sich kaum von der anderer Weine. Die einzige Besonderheit liegt darin, daß sich die Flüssigkeit leicht auf 32°C erwärmt. Dadurch wird die Qualität des Portweins jedoch nicht beeinträchtigt. Vielmehr entwickelt er dadurch volle und interessante Aromen, bildet den typischen Schokoladenduft heraus, und der pH-Wert steigt.

Die Gärung wird unterbrochen, sobald der Wein 6-8 Prozent Alkohol erreicht hat. Danach wird der Port durch die Zugabe von etwa 76–78prozentigem Branntwein oder Neutralkohol gespritet. Dieses Verfahren, bei dem auch die im Wein vorhandenen Hefen abgetötet werden, nennt man »beneficio«.

Die Alkoholmenge, die zugesetzt wird, hängt vom jeweiligen Jahrgang ab, liegt jedoch meist bei etwa 25 Prozent der gesamten Weinmenge. Da die traditionellen Pipen, die Holzfässer, in denen der Port transportiert wird, 550 Liter enthalten, beträgt das durchschnittliche Mischungsverhältnis 110 Liter Branntwein auf 440 Liter Wein.

Mehr als der Alkoholgehalt ist für die Produktionszeiten nach Ansicht einiger Fachleute der Zuckergehalt entscheidend. Die meisten Kellermeister orientieren sich jedoch am Alkohol. In der Tat läßt man trockenen Port länger gären und spritet ihn »nur« mit 100 Liter Alkohol, während bei sehr süßem Port die Gärung vorzeitig durch die Zugabe von 135 Liter Alkohol gestoppt wird.

Im allgemeinen Sprachgebrauch hat sich für das Weindestillat, das zugesetzt wird, die Bezeichnung Brandy eingebürgert, was allerdings nicht ganz korrekt ist. Die Flüssigkeit ist durchsichtig, (fast) völlig geschmacksneutral und besitzt einen viel höheren Alkoholgehalt als ein normales Weindestillat. Das sogenannte »aguardiente« (»Feuerwasser«) sorgt für einen höheren Alkoholgehalt des Port, ohne jedoch Aroma oder Geschmack wesentlich zu beeinflussen. Es wird aus den Überschußweinen aus dem Dourotal oder aus dem Süden Portugals destilliert. Das »Instituto do Vinho do Porto« (IVP) überwacht die Destillation und vertreibt das Produkt an die einzelnen Betriebe.

Nach dem Aufspriten läßt man den Port ruhen, damit sich der Alkohol möglichst gut mit dem Wein vermischt. Dann wird der Wein abgestochen und ruht einige Monate. Im Februar werden die Depots, die sich inzwischen gebildet haben, abge-

zogen. Jetzt kann man den Port nochmals mit Destillat »abschmecken«. Danach erfolgt die Reife, die bis 1986 ausschließlich in Vila Nova de Gaia stattfinden mußte. Wie bereits erwähnt, benachteiligte dieses Gesetz jedoch die Erzeuger, die sich keine Läger an der Douromündung leisten konnten. Heute werden viele Ports direkt von den Quintas aus vertrieben.

Jeder Portwein wird vor dem Verkauf einer Prüfung durch das IVP unterzogen, die das »selo«, das amtliche Prüfsiegel mit dem Emblem des Insituts und einer fortlaufenden Nummer, verleiht. Danach wird der Wein von der Kammer der Verkoster in eine von drei Gruppen eingeteilt: 1. Qualitätsweine ohne erkennbare Fehler; 2. Weine mit kleinen Fehlern, die sich korrigieren lassen; 3. Weine mit deutlichen Fehlern und Qualitätsmängeln.

Laut Gesetz müssen rote und weiße Trauben getrennt verarbeitet werden, doch viele Winzer nehmen das nicht so genau.

Weinbau am Douro

Die Portweinproduktion erfolgt am Douro, im Norden Portugals in den Bezirken Cima Corgo, Baixo Corgo und Douro Superior.

Die Weinberge beginnen unterhalb von Barqueiros, einer kleinen Ortschaft rund

70 Kilometer von Oporto entfernt, und erstrecken sich bis nach Barca d'Alva an der Grenze zu Spanien.

Das Dourotal nimmt mehr als 240 000 Hektar ein, von denen aber nur ein Teil mit Reben bestockt ist. Auf etwa 30 000 Winzer entfallen 80 000 Weingärten.

Jeder Weinberg wird nach einem bewährten Punktesystem klassifiziert. Die Punkte werden nach bestimmten Daten und Faktoren vergeben. Dazu zählen: Bodenbeschaffenheit (schiefer- oder granithaltig oder gemischt); Lage, Höhe und Neigung des Weinbergs; Mikroklima; Alter der Reben und Pflanzdichte; Rebsorten; Ertrag und Pflegezustand des Weinbergs. Die Weinberge werden nach den Güteklassen A-F in sechs Kategorien eingeteilt.

Je höher die Punktezahl, um so höher auch der Traubenpreis und die gesetzlich erlaubte Produktionsmenge. In den steilsten und steinigsten Lagen liegt der Ertrag bei 2 Hektoliter pro 1000 Reben, während auf sanften Hängen das Zehnfache erzielt werden kann.

Das wertvollste Gut sind daher die knappen Anbauflächen, und aus diesem Grund wurden die Weingärten auch terrassiert.

Das Dourogebiet ist von Bergen umgeben, die vor kalten Nordwinden schützen und Temperaturen und Niederschläge beeinflussen. Nur in der Gegend von Oporto, weit vom Oberlauf des Douro und den Weinbergen entfernt, regnet es viel. In der Weinbauregion schneit es auch in den strengsten Wintern kaum, während es im Spätherbst oft zu Hagelstürmen kommt.

Man unterscheidet die drei Klimazonen Atlantik-, Mittelmeer- und eine Mischform aus Atlantik- und Mittelmeerklima. In der letztgenannten Klimazone liegen die bedeutendsten Winzerbetriebe, die ihre Weinberge direkt über den Flußtälern angelegt haben.

Für die Herstellung von Portwein dürfen 51 verschiedene Rotweinsorten und 37 verschiedene Weißweinsorten verwendet werden. Sie sind in die 5 Qualitätsstufen »sehr gut«, »gut«, »normal«, »mäßig« und »ausreichend« eingeteilt.

Bei der Klassifizierung der Weinberge erreicht jede Traubengruppe eine ande-

re Punktzahl. Die unglaubliche Vielzahl an zulässigen Rebsorten ist in der modernen Weinherstellung ein Sonderfall, wenn man bedenkt, daß sich in jeder Weinbauregion von Weltrang eine einzelne Rebsorte, die auf die jeweiligen Klima- und Bodenverhältnisse besonders gut anspricht, durchgesetzt hat.
Im Laufe der letzten Jahre setzten die Erzeuger aber zunehmend auf Qualität und selektierten die am besten geeigneten Rebsorten. Heute findet man in den renommierteren Lagen und den klimatisch günstig gelegenen Kellereien nur noch Rebsorten der Klassen »sehr gut« und »gut«.

Hier stellen wir die wichtigsten vor:

Touriga Nacional: Gilt als die wichtigste und beste Rebsorte für die Portweinherstellung. Sie besitzt kleine schwarze Beeren und bringt einen Wein von dunkler und intensiver Farbe, kräftiger Struktur sowie intensiven und langanhaltenden Aromen hervor. Gering im Ertrag, ergibt sie einen extrakt- und tanninreichen Wein. Sie gedeiht am besten in warmen Klimazonen.

Tinta Barroca: Wird hauptsächlich für Port verwendet, der schnell reift und nicht lange lagert. Sie ergibt einen leichteren Wein mit mittlerem Aroma und einer vollen, aber nicht kräftigen Struktur. Dieser Port läßt sich gut mit anderen Weinen mit anderen Eigenschaften verschneiden.

Tinta Amarela: Wie der Name bereits andeutet, wird diese Sorte vor allem wegen ihrer kräftigen Farbe eingesetzt. Sie liefert hohe Erträge und kann seit einigen Jahren dank gezielter Züchtungen

einen beachtlichen Qualitätsanstieg verzeichnen.
Touriga Francesa: Gehört zur gleichen Familie wie die Nacional und bringt ausgewogene Weine mit intensivem Aroma und fruchtigem Geschmack hervor. Sie bevorzugt gemäßigte Klimazonen ohne große Temperaturschwankungen.
Tinta Roriz: Trotz ihres Namens spiegelt sie nicht ganz die Eigenschaften der Tinta-Familie wider und heißt deshalb manchmal auch nur Roriz. Sie entspricht der bekannten spanischen Sorte Tempranillo, die in Rioja eine herausragende Rolle spielt. Sie gedeiht am besten in warmen und sonnigen Lagen. Ihre Trauben besitzen eine relativ dicke Schale, einen hohen Zuckergehalt und geringe Säure. Ihr Wein ist robust, schmackhaft, von beachtlicher Farbintensität und schönem Tannin.
Tinta Cao: Führt ein Aschenbrödel-Dasein, weil sie schwierig im Anbau ist. Sie

wächst in frischeren Regionen und muß an weit auseinanderstehenden Spalieren gezogen werden, damit sie nicht Krankheiten zum Opfer fällt und gute Erträge bringt. Sie ist nicht sehr ertragreich und wurde deshalb lange Zeit von den Weinbauern geschmäht, die mehr auf Quantität als Qualität setzten.

Zu den wichtigsten Weißweinreben, die für weißen Port verwendet werden, zählen *Malvasia fina*, *Malvasia rei* und *Rabigato*. Wirklich gut sind außerdem *Viosinho*, *Donzelinho* und *Verdelho*.

Nach dem Beitritt Portugals zur Europäischen Union erfuhren die Gesetze für den portugiesischen Weinbau einige Veränderungen. Die Trauben für die Portweinherstellung werden jetzt nur noch in die drei Klassen »empfehlenswert«, »erlaubt« und »geduldet« unterschieden. Man experimentiert außerdem mit neuen Anbauformen, namentlich mit sortenreinem Anbau, der im Dourogebiet immer noch eine Ausnahme darstellt. Eine Vielzahl verschiedener Rebsorten auf einem einzigen Hektar Rebfläche ist hier praktisch die Norm.

Dabei sollte man auch bedenken, daß das Anlegen eines Weingartens keine kurzfristige Angelegenheit ist. Zunächst muß der Wurzelstock gepflanzt werden, auf den ein oder zwei Jahre später die eigentliche Rebsorte aufgepropft wird. Für Port dürfen außerdem nur Reben verwendet werden, die mehr als vier Jahre alt sind. Wegen des Klimas kann man aber keine vorgepfropften Reben nehmen, denn diese kommen mit den Witterungsverhältnissen – ergiebige Niederschläge im Winter, auf die sengende Sommerhitze folgt – nicht zurecht. Diese

Faktoren behindern die Erneuerung des portugiesischen Rebenbestands ganz erheblich.

BRÄUCHE
UND TRADITIONEN

Ein ungewöhnlicher Wein

Seit jeher haben Bräuche, Anekdoten und Geschichten zum Ruf des Port als ungewöhnlicher Wein beigetragen. Seine soziale Bedeutung reicht weit über das einfache Vergnügen, das ein Glas Wein bei Tisch bieten kann, hinaus. Allein die Tatsache, daß es sich um einen Wein handelt, der ursprünglich von Engländern hergestellt und großenteils auch

in Großbritannien konsumiert wird, hat die Überlieferung jener Traditionen gefördert, die noch heute in den englischen Clubs in aller Welt lebendig sind.

Factory House

Obwohl der offizielle Name »British Association« lautet, ist der Steinbau im belebtesten Viertel von Oporto allgemein als »Factory House« bekannt. Das Gebäude ist gleichsam das Sinnbild für die Präsenz der Engländer in Portugal.
Was als Handelshaus gebaut worden war, diente schon bald als bevorzugter Veranstaltungsort für Bälle, Feste und Empfänge.
Das Gebäude weist einige Besonderheiten auf. So baute man zum Beispiel zwei Säle direkt nebeneinander. Im einen fanden die Empfänge statt, während man sich zum Dessert in den zweiten zurückzog, damit die Essensgerüche die Portweindegustation nicht störten. Aus die-

sem Grund liegt auch die Küche im obersten Stockwerk.
In der Tat diente die »British Association« nie als Handelshaus, sondern wurde sofort in einen höchst exklusiven Privatclub nach Londoner Vorbild umgewandelt. Im 19. Jahrhundert durften nach hausinternen Vorschriften zu Bällen beispielsweise keine portugiesischen

Offiziere eingeladen werden, die nicht mindestens den Rang eines Majors bekleideten. Noch heute verkehren in diesem Club hauptsächlich Engländer. Sie treffen sich – mit Ausnahme zur Zeit der Weinlese – jeden Mittwoch.
Am liebsten vertreiben sich die Herren im »Factory House« ihre Zeit mit dem Verkosten von Portweinen, wobei sie dann versuchen, Jahrgang und Erzeuger zu erraten. Zuvor stimmen sie sich mit einem Glas Tawny, einer der beliebtesten Portweinvarianten, darauf ein. Dabei werden natürlich auch nach englischer Tradition – meist bescheidene – Wetten abgeschlossen.

Ein Getränk der Harmonie

Traditionsgemäß wird der Portwein zuerst dem Hausherrn serviert, der die Flasche dann im Uhrzeigersinn, d.h. beginnend zu seiner Linken, an seine Tischgenossen weiterreicht, weil die Flasche niemals den Tisch überqueren darf.
Diese Tradition soll angeblich auf die Druiden zurückgehen, die in dieser Kreisbewegung eine kosmische Analogie zur Drehbewegung der Erde sahen. Andere wieder vermuten, daß auf diese Weise der rechte Arm frei blieb, um im Notfall rasch zum Säbel greifen zu können. Die Romantiker sehen dagegen in der Linken die Hand des Herzens. Auch die Volksmythologie hat eine nette Erklärung für dieses Ritual parat: Zur Rechten dessen, der den Port serviert, sitzt stets der Leibhaftige, der nur darauf wartet, sich ein Gläschen Wein und die Seele des armen Tischgenossen zu schnappen.

Die Portweinzangen

Das Öffnen einer Flasche Vintage Port ist eine diffizile Angelegenheit, die eine erfahrene Hand erfordert.
Die Engländer haben hierfür eine Methode erfunden, die Spektakel und sicheres Gelingen vereint. Bei einem Vintage, der mehr als zwanzig Jahre in der Flasche verbringen kann, sitzt der Korken nicht

zuletzt wegen des hohen Zuckergehalts des Port oft sehr fest im Flaschenhals. Statt nun die Flasche mit einem gewöhnlichen Korkenzieher zu öffnen, »köpft« man die Flasche buchstäblich mit Hilfe einer speziellen Portweinzange. Diese Zangen werden über einer Flamme erhitzt, bis sie zu glühen beginnen, dann am Flaschenhals direkt unterhalb des Korkens angesetzt, bis die rote Farbe verglimmt. Der Flaschenhals wird mit einem feuchten Tuch oder mit kaltem Wasser wieder abgekühlt. Durch den Temperaturunterschied springt der Flaschenhals sauber ab. Einziger Nachteil dieses Verfahrens ist der Brandgeruch, der einige Minuten lang im Raum schwebt.

Frauen und Port

Im 19. Jahrhundert erhoben sich die Damen nach einem Abendessen, damit der ausschließlich den Herren vorbehaltene Port serviert werden konnte. Nicht einmal die jüngeren Männer durften bleiben, denn ein Sprichwort aus dem 18. Jahrhundert besagte: »Bordeaux für die Jünglinge, Port für die Männer!« Diese Exklusivität bezog sich jedoch nur auf die edleren Sorten. Zu jener Zeit empfahlen nämlich die Ärzte Port als Stärkungsmittel für Kranke und Genesende. Ein Erzeuger wollte deshalb sogar seine

Marke in »Invalid« umtaufen! Für die Damen des höheren Bürgertums bot sich somit die Gelegenheit, sich bereits in den späteren Vormittagsstunden ungestört ein Gläschen Port zu genehmigen.
Anfang des 20. Jahrhunderts diente Port auch als Vorwand für ein Tête-à-tête. Mit wenigen galanten Worten konnte ein Verehrer seine Angebetete zu einem Gläschen einladen.

Portwein in der Geschichte

Nicht nur Geschmack und Aroma machten Portwein berühmt, er soll auch die Geschichte mitgeschrieben haben. So heißt es, Admiral Nelson habe dem portugiesischen Wein seinen Sieg bei Trafalgar zu verdanken. Der Legende zufolge erklärte er am Abend vor der Schlacht seinem Berater seine Taktik, indem er seinen Finger in ein Glas Port tauchte und damit seinen strategischen Plan auf einen Holztisch zeichnete.

Weihnachtsvergnügen

Die Engländer tranken ihren Port gerne nach der Mahlzeit zu einem Stückchen Stilton, der besonders gut zu Port paßt. Echte Portweinliebhaber mögen einen großen Vintage bevorzugen, doch viele

Nelson

tauchen ihren Käse gern in einen einfacheren Port. So brachte man früher nach dem Weihnachtsmahl einen Zylinder Stilton, der in der Mitte ausgehöhlt war, auf den Tisch und goß Ruby Port in die Vertiefung. Der Käse weichte durch den Wein auf und konnte dann als Brotaufstrich gegessen werden.

EIN »MODERNER« WEIN

Eine neue Methode

Auf der ganzen Welt wird heute vornehmlich süßer Portwein getrunken, während man früher trockenen Port bevorzugte. Über die Geschmacksrichtung entscheidet der Zeitpunkt des Aufspritens. Obwohl Port ja praktisch seit jeher gespritet wird, wählt man heute nur den Zeitpunkt anders. Früher gab man den Neutralalkohol gegen Ende der Gärung hinzu, wenn der Zucker im Wein bereits zu Alkohol durchgegoren war, und erhielt somit einen sehr warmen und körperreichen, aber trockenen Portwein.

Erst nach der phänomenalen Lese des Jahrgangs 1820 erkannte man das Potential des Ports als Süßwein. Die Trauben enthielten in jenem Jahr so viel Zucker, daß die Kellermeister die Gärung vor dem Spriten nicht zum Abschluß bringen konnten. Auf diese Weise entstand ein nach dem damaligen Empfinden völlig neuer und »moderner« Wein. Es bedurfte jedoch noch jahrelanger Diskussionen und Experimente, bis sich 1852 schließlich die neue Methode allgemein durchsetzte.

White Port

Unter echten Portweinliebhabern gilt der White Port als der »weniger erfolgreiche Sohn«, der es trotz guten Willens nicht ganz bis in den Olymp der Großen geschafft hat.
Als der berühmte englische Kaufmann Ernest Cockburn einmal gebeten wurde, Portwein zu definieren, sagte er: »Zunächst einmal muß Port rot sein.« Das sagt natürlich schon eine ganze Menge über die Wertschätzung der weißen Version aus, obwohl sie heute bisweilen auch als interessante Alternative gesehen wird.
Während Port klassisch nach dem Abendessen getrunken wird, gibt ein gut gekühlter White Port vor allem in der

trockenen Version als Dry einen hervorragenden Aperitif ab.
White Port wird hauptsächlich aus weißen Trauben gewonnen, es gibt aber auch einige Sorten aus weiß vinifizierten Rotweintrauben. Der dabei entstehende Tresterkuchen wird zu einem sehr alkoholhaltigen Brandy, dem sogenannten »Bagaceira« destilliert.
White Port wird am besten jung getrunken, solange er angenehm fruchtige Noten besitzt.
Die Süße fällt unterschiedlich aus, und nach einer gewissen Flaschenreife tönt seine anfänglich strohgelbe Farbe zu einem Goldton und schließlich bei voller Reife zu einem Bernsteinton ab. Damit sich die Farbe allerdings nicht zu stark verändert und der frische und junge Duft nicht verlorengeht, reift weißer Port nicht in Holzfässern, sondern in Stahltanks.
White Port gibt es in den Spielarten Extra Dry, Dry, Demi-sec, Sweet und Extra Sweet (die manchmal auch »Lagrima«

genannt wird). Er wird mit einer Temperatur von rund 10°C getrunken.

Ruby

Der Name weist bereits auf die Farbe dieses Portweintyps hin. Der zu den roten Ports zählende Ruby ist in jungen Jahren rubinrot bis violett, zeigt sich später von strahlendem Rubinrot und tendiert im hohen Alter ins Granatrot.
Laut Gesetz muß guter Ruby mindestens drei Jahre im Eichenfaß lagern, bevor er in den Handel kommt. Die preiswerteren Versionen reifen weniger als ein Jahr im Faß; die kurze Reifezeit schlägt sich dann allerdings im Geschmack nieder. Die Fässer selbst beeinflussen aufgrund ihrer gewaltigen Größe die organoleptischen Eigenschaften des Portweins kaum. Die Entwicklung geht nur langsam vonstatten, da der Wein weniger Kontakt mit Holz und Sauerstoff hat.

Das Alter des Ports, das, teilweise gesetzlich gefordert, auf dem Etikett zu lesen steht, stimmt nie mit dem tatsächlichen Alter überein.
Da es sich um eine Mischung aus verschiedenen Jahrgängen handelt, kann man nur ein Durchschnittsalter angeben. Bei sehr lange gereiften Weinen wird mit der Jahresangabe dann darauf hingewiesen, daß die Cuvée auch zehn, zwanzig oder dreißig Jahre alte Weine enthält.
Ruby Port ist ein zugänglicher Wein. Sein fruchtiger Duft ist kräftig, erinnert stark an rote Beeren und besitzt angenehme Vanillenoten.
Kühl als Aperitif serviert, schmeckt er hervorragend zu Salzgebäck und Käseschnitten. Aufgrund seiner weichen Eleganz ist er jedoch vor allem ein »klassischer« Meditationswein, den man pur in den Nachmittagsstunden genießt.

Tawny

Tawny Port wird im Unterschied zum Ruby in kleinen Eichenfässern gereift. Auch hier weist der Name (englisch: »lohfarben«) bereits auf den Farbton hin.
Dieser Portwein leuchtet zu Beginn in einem strahlenden Rubinrot und erhält nach dreijähriger Reife im Holzfaß einen Bernsteinton, der aber noch violette Farbnoten enthält und manchmal als »Zwiebelschale« bezeichnet wird.
Während die Farbintensität stetig abnimmt, entfalten sich geschmackliche Eigenschaften von einer zunehmenden Eleganz und Duftnoten von äußerster Finesse.
In der Nase geht der Duft von kleinen roten Früchten zu Trockenobst, während am Gaumen die süßlichen Noten zurücktreten und einen mächtigen Körper offenbaren, der die Struktur allgemein stärkt, ohne auch nur eine Spur aggressiv zu wirken.
Einige Tawnys werden aus rotem und weißem Port komponiert. Obwohl dieses Verfahren nicht mehr den Richtlinien der EU entspricht, darf es nach wie vor angewandt werden, weil es einer Tradition der Gegend entspricht – so, wie in der Champagne auch Champagner rosé hergestellt werden darf.
Der Tawny reift in den klassischen Pipen, die auch für den Transport verwen-

det werden. Diese Fässer können viele Jahre ihren Dienst versehen und beeinflussen daher auch die Eigenschaften des Weines.
Ist die Reifung abgeschlossen, werden Ports verschiedener Jahrgänge zu einem Wein verschnitten, der die vom jeweiligen Erzeuger gewünschten Eigenschaften besitzt.
Bei einem Old Tawny werden stets das Durchschnittsalter und das Jahr der Flaschenabfüllung angegeben. Die Weine dieser Kategorie werden immer wieder umgefüllt, wodurch sie eine beachtliche Transparenz erhalten. In der Nase gestalten sie sich sehr komplex, im Mund weich mit interessantem Nachgeschmack von Trockenobst.

Besondere Portweine

Ein eigenes Regelwerk bestimmt diese Portweingruppe, die sich in vier verschiedene Kategorien unterteilen läßt: Vintage Port, LBV (Late Bottled Vintage), Colheita (»Lesejahr«), Port mit Altersangabe. Das Etikett muß in jedem

Fall das Jahr der Abfüllung verzeichnen. In der Tat können aus den Trauben ein und desselben Jahrgangs höchst unterschiedliche Ports entstehen.

Vintage: Alle Experten der Welt sind sich einig, daß der Vintage die höchste Qualitätsstufe beim Portwein darstellt. Obwohl viel Aufhebens darum gemacht wird, daß Port erst durch kluge Mischungen verschiedener Jahrgänge und verschieden lang gereifter Weine sein Format erreicht, stammt ein Vintage Port aus den Trauben eines einzigen Jahrgangs, der vom Erzeuger als hervorragend eingestuft wurde. In bestimmten Jahren wird der Jahrgangs-Port »erklärt« (so der Fachausdruck), in anderen nicht. Im Schnitt werden pro Jahrzehnt drei hervorragende Jahrgänge erklärt, die die Voraussetzungen für Vintage Port mitbringen.
Nach der Vinifikation reift der Wein zwei Jahre im Faß und anschließend lange Jahre auf der Flasche. Zur Herstellung eines Vintage Port braucht man jedoch die Genehmigung des Portwein-Instituts, das auch die Authentizität bestätigt und anhand einer Geschmacksprüfung die Qualität beurteilt. Die Kontrollen des IVP sind zahlreich und genau. Während der Reifezeit werden mehrere Proben entnommen, um die Entwicklung des Weins genau verfolgen zu können.
Der Wein, der sich in der Enge der Fla-

sche ohne Sauerstoff entwickelt, ist ein Konzentrat aus Aromen und Duft, die von einer gewaltigen Struktur gestützt werden, besitzt großen Körper und ist sehr reich an Extrakten. Meist erkennt man die Duftnoten von Gewürzen neben weit entwickelten Fruchttönen, die stets sehr elegant wirken. Ein Vintage gilt wegen des kräftigen, fast brennenden Geschmacks, zu dem sich ein komplexer und durchdringender Duft gesellt, als einmaliges Erlebnis.

Ein Vintage gehört zu den wenigen Weinen, die jahrzehntelanges Altern überdauern; in der Tat gilt er erst nach zwanzig und mehr Jahren auf der Flasche als trinkreif. Es lohnt sich durchaus, in einen Vintage zu investieren, denn bei Versteigerungen erzielen fünfzigjährige Vintages geradezu unglaubliche Preise. Gut erhaltene Ports aus dem 19. Jahrhundert sind heute von unschätzbarem Wert.

Diese Langlebigkeit liegt in der langsamen Flaschenreife begründet, durch die

die einzelnen Komponenten sich nur allmählich entwickeln und somit den »Tod« des Weins hinauszögern. Um diese Weine vor jeglichem Sauerstoffkontakt zu schützen, wurden – und werden bisweilen heute noch – die Flaschen mit Wachs versiegelt. Beim Ausschenken braucht man jedoch viel Erfahrung. Ein Vintage bildet im Lauf der Jahre ein Depot, das durch vorheriges Dekantieren entfernt werden muß.

Late Bottled Vintage: Diese Kategorie liegt zwischen Vintage und Tawny. Wie der Vintage wird der LBV aus den Trau-

ben eines einzigen Jahrgangs gemacht, aber die vier- bis sechsjährige Reife erfolgt in Holzfässern. Danach wird der LBV auf Flaschen gezogen und ohne weitere Reifung in den Handel gebracht. In der Farbe erinnert er an den Tawny, ist aber weniger strahlend und besitzt reifere Farbtöne, während er im Geschmack zwischen Tawny und Vintage anzusiedeln ist. Er wirkt sehr kräftig und anhaltend und besitzt einen äußerst angenehmen fruchtigen Nachklang.
Der ansprechende und abgerundete Wein zeichnet sich durch schöne Ausgewogenheit und Finesse aus; wegen der Reife im Holzfaß bleibt er klar und bildet kein übermäßiges Depot.
Im Vergleich zu anderen Ports muß er früh getrunken werden, schmeckt er doch zwei Jahre nach der Flaschenabfüllung am besten. Die höchste Reife erreicht er nach etwa insgesamt zehn Jahren.

Colheita (Port mit Angabe des Lesejahrs): Im Unterschied zu den bereits erwähnten Portweintypen reift der Colheita lange im Faß. Er wird frühestens nach sieben Jahren auf Flaschen gezogen, doch meist wird der Ausbau noch länger hinausgezögert. Er muß aus den Trauben eines sehr guten Jahrgangs gekeltert werden, damit er die Qualitätsprüfungen durch das Portwein-Institut besteht.
Colheita Port ist bernsteinfarben, besitzt

einen ätherischen Duft und einen harmonischen, lang anhaltenden Geschmack. Da das Jahr der Lese und das Jahr der Abfüllung aufgrund der langen Reife im Faß so weit auseinanderliegen, müssen beide Jahreszahlen auf dem Etikett angegeben werden.

Der Colheita gehört zur Gruppe der Tawny, stellt praktisch die Jahrgangsversion eines Tawny dar. Ein Colheita erbringt dank des langen oxidativen Ausbaus das höchste Qualitätsniveau eines Tawny, denn bei diesem Verfahren verschmelzen die Aromen zu einem besonders harmonischen Gesamteindruck.

Colheita wird geschätzt wegen der zarten Abstufungen, der steten, doch feinen Unterschiede, die sich aus bestimmten Mischungen (Weine verschiedener Jahrgänge, Weine desselben Jahrgangs mit unterschiedlicher Faßreife) ergeben.

Die besten Jahrgänge können sogar mehr als hundert Jahre alt werden, wenn sie in Holzfässern lagern.

Zur selben Gruppe gehören die Garrafeira Ports, die fast ausschließlich für den portugiesischen Markt produziert werden. Die Weine reifen lange Jahre im Holzfaß, werden gefiltert, um mögliche Depots zu entfernen, und reifen dann noch einmal genauso lange auf der Flasche.

Port mit Altersangabe: Innerhalb dieser Gruppe unterscheidet man nach der Reifedauer im Holzfaß noch einmal vier Ka-

tegorien: 10, 20, 30 sowie 40 Jahre und darüber.
Diese Ports werden vom Portwein-Institut sorgfältig geprüft, stammen aber nicht von einem einzigen Jahrgang, sondern werden aus Weinen verschiedener Jahrgänge verschnitten. Ein »40er« muß beispielsweise nicht einmal einen vierzig Jahre lang gereiften Wein enthalten. Das Institut bestätigt lediglich, daß dieser

Verschnitt dieselben organoleptischen Eigenschaften wie ein vierzig Jahre alter Wein besitzt.
Dieses Konzept dürfte in der Weinwelt einzigartig sein, kommt es doch sonst darauf an, daß die Informationen auf dem Etikett den Tatsachen entsprechen und vom Verbraucher leicht zu verstehen sind. Bei diesen Ports kommt dem Blender eine besondere Bedeutung zu, denn er mischt die verschiedenen Ports

zu einem Endprodukt, das die aromatischen und geschmacklichen Eigenschaften der einzelnen Ports zu einem harmonischen Ganzen vereint.

Es gibt noch einige weitere Portweintypen, die jedoch nicht so weit verbreitet sind wie die bereits genannten Spielarten und sich nur minimal voneinander unterscheiden. Sie haben außerdem nur einen geringen Anteil an der Portweinproduktion.

Single Quinta Vintage: Ein Vintage aus den Grundweinen einer einzigen Quinta (Weingut).
Single Quinta Vintage wird in den Jahrgängen hergestellt, in denen ein Erzeuger keinen Vintage erklären kann, und ist daher nicht so hochwertig wie der Vintage. Schwer zu vermarkten, ist dieser Portweintyp dennoch von großer Eleganz und kann lange altern, auch wenn er aufgrund seiner geringeren Konzentration und Duftintensität nie die Komplexität eines klassischen Vintage erreicht.
Vor allem die kleineren Quintas machen sich für diesen Port stark, weil sie auf diese Weise den Firmennamen aufs Etikett setzen dürfen.

Crusted Port: Ein Verschnitt von herausragenden Ports aus zwei oder drei verschiedenen Jahrgängen, der bis zu vier Jahre im Holzfaß lagert und danach noch

mindestens drei Jahre auf der Flasche reift.

Der Crusted erinnert in seiner Art an den Vintage, nicht zuletzt weil er wie dieser ungefiltert abgefüllt wird und vor dem Genuß dekantiert werden muß. Das Wort »crusted« bezeichnet denn auch das Depot, das teilweise als Kruste am Holz haften bleibt.

Vintage Character: Noch eine Bezeichnung, die unter Neophyten wohl eher Verwirrung stiftet. Statt Vintage Character steht auch manchmal *Vintage Style* auf dem Etikett zu lesen, was in diesem Fall aber dasselbe bedeutet.

Dieser Port läßt sich unter die Ruby Ports einreihen und besteht aus einem Verschnitt verschiedener sehr guter Jahrgänge, die dicht an »erklärte« Jahrgänge heranreichen.

Der Vintage Character reift mindestens vier Jahre im Holzfaß, bevor er auf Flaschen gezogen wird. Er kommt bereits trinkreif auf den Markt, kann aber durch

eine etwas längere Flaschenreife noch besser werden. Er zeichnet sich durch würzige Noten und einen kräftigen Geschmack aus.
Der grundlegende Unterschied zum Vintage besteht darin, daß der Erzeuger selbst die Qualität seines Jahrgangs einstufen darf und sich nicht der Kontrolle durch das Portwein-Institut unterziehen muß. Somit kommen auch mittelmäßige Weine auf den Markt, die das Wort »Vintage« als Lockmittel einsetzen. Viele ernsthafte Erzeuger stellen diesen Typ deshalb gar nicht erst her.

Light Dry White: Ein trockener Port, der ausschließlich aus weißen Trauben hergestellt wird und mit einem durchschnittlichen Alkoholgehalt von 16,5%Vol. im Vergleich zu den übrigen Ports sehr leicht ausfällt.

Beeswing: Diese Bezeichnung ist inzwischen fast vollständig verschwunden und findet sich nur noch auf den Etiketten sehr alter Portweinflaschen.
Da die Weine früher oft nicht sehr sorgfältig gefiltert wurden, gerieten bei der Abfüllung Traubenhäutchen und Membranen in die Flasche, die dann in der Flasche umhertrieben und den Port leicht eintrübten.

Port richtig servieren

Das klassische Portweinglas ist eine »copita«, ein Kelchglas mit tulpenförmigem Kelch und einem mittelhohen Stiel.
Für gewichtigere Portweintypen kann man ein größeres Kelchglas oder ein Ballonglas verwenden, in dem sich die Aromen des Weines aufs beste entfalten.

Obwohl Port im allgemeinen als Dessertwein getrunken wird, kann man ihn auch zum Essen, in besonderen Fällen sogar zu allen Gängen einer Mahlzeit servieren. Zu jedem Gang sollte man jedoch einen anderen Typ kredenzen.
Im Verbund mit anderen Destillaten und Likören lassen sich vor allem White und Ruby Ports einsetzen, während die edleren Ports alleine strahlen sollten.
White Port: Frisch, mit 10-12°C serviert, schmeckt vor allem die trockene Version zum Aperitif, zu Salzmandeln, Haselnüs-

sen und Oliven wunderbar. Die trockene Version eignet sich auch hervorragend für Mixgetränke. In Frankreich und anderen Ländern Mitteleuropas serviert man jedoch auch den süßeren Port als Aperitif.
Ruby wird mit 14°C getrunken und gibt ebenfalls einen schönen Aperitif ab. Er paßt zu Kanapees mit Blauschimmelkäse oder warmen Käsetoasts. Ruby ist ein zugänglicher Portweintyp, der auch als Meditationswein am Nachmittag schmeckt. Er paßt außerdem zu Schokoladendesserts, Sabayons und Mürbeteigkuchen mit roten Beeren.
Tawny: Zu dieser Variante kann man salzige Speisen reichen. Tawny Port schmeckt zu Foie gras mit französischer Brioche und unterstützt auch ein klassisches Gericht wie Canard à l'orange.

Ganz ausgezeichnet mundet Tawny als Dessertwein zu Käse oder als würdiger Abschluß eines bedeutenden Mahls. Die Trinktemperatur liegt bei ungefähr 18°C.
Late Bottled Vintage: Was zu einem Tawny paßt, schmeckt auch zu einem LBV. Interessant gestaltet sich die Kombination mit Trockengebäck und mit Kuchen mit Nüssen und Dörrobst. Er sollte mit 16°C getrunken werden.
Vintage ist der komplexeste und schwierigste Portweintyp und verlangt daher nach einer würdigen Begleitung. Liebhaber eines klassischen Ports werden ihn wohl am liebsten mit 18°C im Lehnstuhl vor einem Kaminfeuer und zu einer Havannazigarre genießen. Aber auch zu gutem Blauschimmelkäse aus aller Welt – z.B. englischem Stilton, italienischem Gorgonzola, französischem Roquefort oder portugiesischem Serra da Estrela – schmeckt er hervorragend. Ausgereifte Hartkäse und Akazienhonig sind ebenfalls geeignete Begleiter.

Einen Vintage öffnen

Eine Flasche Tawny, Ruby oder LBV Port zu öffnen, bereitet keine größeren Schwierigkeiten. Anders gestaltet sich da schon das Öffnen eines Vintage Port. Das Depot, das sich während der langen Flaschenreife bildet, kann beim Ausschenken problematisch werden und

muß daher mit entsprechender Vorsicht behandelt werden.
Man holt die Flasche daher mindestens 24 Stunden – oder bis zu 48 Stunden – vorher aus dem Keller und läßt sie senkrecht stehen, damit sich das Depot am Flaschenboden sammeln kann.
Dann entfernt man sorgfältig die Bleikapsel oder den Siegellack, danach den

Korken, der in der Regel sehr lang ist und daher sehr vorsichtig herausgezogen werden muß.
Besonders alte Vintage Ports, deren Korken bereits brüchig werden, sollte man zunächst durch ein Mulltuch abseihen.
Mit Hilfe einer Karaffe und einer Kerze wird der Port dann dekantiert. Der Flascheninhalt wird äußerst langsam in eine Karaffe gegossen, die man zuvor mit einigen Tropfen Port »ausgespült« hat, um

etwaige Verunreinigungen zu entfernen. Im Licht der Kerzenflamme kann man das Depot besser erkennen und das Umgießen unterbrechen, bevor der Wein wieder eintrübt.

Durch das Dekantieren »atmet« der Wein Sauerstoff, wodurch sich Duft und Geschmack besser entfalten können. Bei einem sehr alten Vintage Port ist der plötzliche Sauerstoffschock nach so vielen Jahren auf der Flasche so gewaltig, daß man ihn sofort trinken muß, um ihn auf seinem geschmacklichen Höhepunkt zu erleben. Selbst wenige Stunden in einer Karaffe berauben ihn all seiner Komponenten und machen ihn langweilig und fade.

REZEPTE

Falls nicht anders angegeben, sind die Rezepte für sechs Personen berechnet.

Toasts mit
Gorgonzola-Portwein-Creme

Zutaten: 6 Scheiben Toastbrot, 200 g Gorgonzola, 100 ml Ruby Port, 5 g Senf, 1 Prise zerriebener Peperoncino

Die Brotscheiben entrinden und golden rösten.

In der Zwischenzeit den Gorgonzola mit dem Portwein verrühren und langsam im Wasserbad schmelzen. Senf und Peperoncino hinzufügen und sorgfältig glattrühren.

Vom Herd nehmen und die Gorgonzolacreme leicht eindicken lassen. Auf die warmen Toastscheiben streichen und sofort servieren.

Trüffelleberschnittchen

Zutaten: 300 g Hühnerlebern, 250 g Butter, Majoran, Salz, weißer Pfeffer, 500 ml Sahne, 100 ml Ruby Port, 1 schwarze Trüffel à ca. 50 g, 6 Scheiben Weißbrot

Die Hühnerlebern putzen, gegebenenfalls die Galle und das Fett entfernen. Waschen, trocknen und in 70 g Butter und Majoran braten, aber nicht zu stark bräunen.

Salzen und pfeffern, dann vom Herd nehmen und durch ein feines Sieb streichen (oder mit der Gemüsemühle pürieren).

Die Creme in eine Schüssel füllen; mit dem Schneebesen nach und nach die restliche Butter einarbeiten, bis eine luftige und schaumige Masse entsteht. Die Sahne und den Portwein vorsichtig unterziehen.

10 Minuten im Kühlschrank ruhen lassen. Die Creme in einen Spritzbeutel mit gezackter Tülle füllen und auf Vorspeisentellern zu kleinen Pyramiden formen. Mit Trüffelraspeln bestreuen.

Weißbrotscheiben rösten, diagonal halbieren und dazu servieren.

Portweinmelonen

Zutaten: 3 kleine Melonen, 1/2 l Ruby Port

Die Melonen halbieren, Kerne und Fäden entfernen. Das Fruchtfleisch herauslösen und zu gleichmäßigen Kugeln formen.

Die Melonenschale bis zum Servieren in den Kühlschrank stellen.

Die Melonenkugeln in eine Schüssel setzen und mit Portwein bedecken. Mindestens zweieinhalb Stunden an einem kühlen und dunklen Ort, besser noch im Kühlschrank, durchziehen lassen.

Die Melonenkugeln in die Fruchtschalen zurückfüllen und mit dem gezogenen Saft beträufeln.

Gut gekühlt servieren.

Lachs in Portweinmarinade

Zutaten: 400 g Lachs ohne Haut und Gräten, 1 Bund Basilikum, 1 Bund Schnittlauch, 1 Bund Zitronenmelisse, Salz, rosa Pfefferkörner, 100 ml Dry White Port, gemischte Blattsalate,

100 ml zartes Olivenöl, 1 Spritzer Himbeeressig
Den Lachs mit einem langen Messer in gleichmäßig dünne Scheiben schneiden. In eine Schale schichten und mit den gehackten Kräutern bedecken. Salzen und mit einem Teil der Pfefferkörner bestreuen. Den Portwein darüber gießen. Etwas Wasser hinzufügen und mindestens 2 Stunden im Kühlschrank durchziehen lassen.
Die Blattsalate waschen, auf Tellern anrichten und mit den Lachsscheiben belegen. Den Fisch mit Olivenöl und etwas Himbeeressig beträufeln und mit dem restlichen Pfeffer garnieren.

Garnelen mit Gemüse und Portweinsauce

Zutaten: 1 kg mittelgroße, rohe Garnelen, 150 g Möhren, 150 g Stangensellerie, 2 Schalotten, 100 ml Olivenöl extra vergine, 1 Lauchstange, Salz, Oregano, 100 ml Dry White Port, 50 g Haselnüsse, 1 Bund Basilikum
Die Garnelen schälen und entdarmen, den Kopf aber dranlassen. Die Möhren schälen und stifteln, den Sellerie eben-

falls stifteln. Die Schalotten in dünne Ringe schneiden und im Olivenöl andünsten. Möhren, Sellerie und den gewürfelten Lauch hinzufügen und auf kräftiger Flamme andünsten.
Die Garnelen in die Pfanne geben, mit Oregano bestreuen und mit Portwein ablöschen. Die Garnelen mit gehackten Haselnüssen und in Streifen geschnittenem Basilikum bestreuen und zu Tisch bringen.

Portweinrisotto mit Salsiccia

Zutaten: 1 Zwiebel, 50 g Butter, Salz, 450 g Risottoreis (Arborio), 100 ml Ruby Port, ca. 1 l heiße Fleischbrühe, 50 ml Sahne, 100 g Salsiccia
Die Zwiebel hacken und in der Butter glasig dünsten. Salzen. Den Reis hinzufügen, kurz anrösten, dann mit Portwein ablöschen. Sobald ein Teil der Flüssigkeit eingekocht ist, mit kochender Brühe auffüllen, bis der Reis vollständig bedeckt ist. Wieder zum Kochen bringen und nach Bedarf noch etwas Brühe hinzugießen.
Inzwischen die Salsiccia mit etwas Was-

ser in einer Pfanne ausbraten und in Scheiben schneiden.
Wenn der Reis gar ist, mit Sahne verfeinern und mit Salsiccia garnieren.

Fasanenbrühe mit Portwein

Zutaten: 1/2 Fasan, Salz, 2 Möhren, 1 Zwiebel, 1 Selleriestengel, 1 Knoblauchzehe, 6 Gewürznelken, 5 Wacholderbeeren, 1 Zimtstange, 2 Lorbeerblätter, weiße Pfefferkörner, 100 ml Tawny oder LBV Port, 1 Bund Minze
Den Fasan sorgfältig waschen, salzen und in einen großen Topf setzen. Das gewürfelte Gemüse und die Gewürze hinzufügen und mit Portwein übergießen. Etwa 1 Stunde durchziehen lassen, dann mit kaltem Wasser bedecken und zum Kochen bringen.
2 Stunden sieden und immer wieder abschäumen.
Den Fasan aus der Brühe heben und häuten. Das Fleisch in gleichmäßige Stücke schneiden.
Die Brühe durch einen feinen Durchschlag seihen und auf Suppenschalen verteilen. Die Fleischstückchen hinzufügen und mit Minze garnieren. Sofort servieren.

Portweinconsommé

Zutaten: 150 g mageres Rinderhack, 1 kleine Lauchstange, 50 g Möhren, 1/2 Zwiebel, 50 g Sellerie, einige Petersilienstengel, Salz, 1 Eiweiß, 1 1/2 l Fleischbrühe, 100 ml roter Portwein

Das Rinderhack in einen Topf füllen. Das fein gewürfelte Gemüse hinzufügen, salzen und mit dem Eiweiß zu einer geschmeidigen Masse verarbeiten. 30 Minuten kühl stellen.

Das Hack auf den Herd setzen und mit der Brühe auffüllen. Unter ständigem Umrühren zum Kochen bringen. Sobald die Brühe kocht, die Wärmezufuhr reduzieren und ungefähr 40 Minuten leise simmern.

Die Consommé durch einen feinen Durchschlag seihen, mit Portwein verfeinern und servieren.

Kartoffelgnocchi mit Portweinsauce

Zutaten: 1 kg gekochte Kartoffeln, 200 g Mehl, Salz, Pfeffer, Muskat, 3 Eigelb, 50 g Parmesan, 200 g Frühstücksspeck, 30 g Butter, 2 Lorbeerblätter, 300 ml Ruby Port, 100 ml Sahne, 1 Bund Schnittlauch

Die Kartoffeln durch ein Eisen auf eine bemehlte Arbeitsfläche pressen. Abkühlen lassen und mit Salz, Pfeffer und Muskat würzen. Mehl, Eigelb und Parmesan hinzufügen und das Ganze mit den Händen zu einem glatten, festen Teig verarbeiten.

Etwa 15 Minuten ruhen lassen.

Inzwischen den Speck würfeln und das Wasser für die Gnocchi aufsetzen.

Den Kartoffelteig zu mitteldicken Schnüren rollen. Mit einem Spatel oder Messer die einzelnen Gnocchi abtrennen und auf ein bemehltes Tablett setzen. Wenn Sie den Gnocchi das typische Streifenmuster verleihen möchten, die einzelnen Gnocchi über die Zinken einer Gabel abstreifen.

Den Speck mit Butter und Lorbeer in einer Pfanne ausbraten. Herausheben und abtropfen lassen.

Den Bratfond 2–3 Minuten mit Portwein loskochen. Die Sahne einrühren und den Speck wieder hineinsetzen.
Die Kartoffelgnocchi im sprudelnden Salzwasser garen, bis sie an die Oberfläche steigen.
Abgießen und gut abtropfen lassen.
Anschließend in der Portweinsauce schwenken. Sorgfältig durchmischen und mit gehacktem Schnittlauch servieren.

Wildschweinkoteletts mit Sauerkirschen

Zutaten: 400 g entsteinte Sauerkirschen, 200 ml Ruby Port, 1 Zimtstange, Salz, weißer Pfeffer, 5 Wacholderbeeren, 10 g Speisestärke, 12 Wildschweinkoteletts à ca. 90 g, 100 g Mehl, 80 g Butter, 1 Bund Petersilie
Die Kirschen mit Portwein, Zimt, Salz, Pfeffer und Wacholderbeeren weich kochen. Nach 20 Minuten vom Herd nehmen aus dem Topf heben und warm stellen.
Die Flüssigkeit durch ein Sieb gießen und wieder aufkochen lassen. Die Stärke mit etwas Wasser glattrühren, dann da-

mit die Kirschsauce andicken. Die Kirschen wieder hineinsetzen und warm halten.
Die Koteletts bemehlen und auf beiden Seiten in Butter braten. Leicht salzen. In eine gebutterte, feuerfeste Form schichten und sorgfältig mit der Kirschsauce überziehen. 2 Minuten im heißen Rohr überbacken.
Die Koteletts mit gehackter Petersilie garnieren.
Mit Kartoffelpüree als Beilage servieren.

Rebhuhn in Portweingelee

Zutaten: 3 Rebhühner, Salz, Pfeffer, 1 Knoblauchzehe, 1 Rosmarinzweig, 120 g Butter, 60 g Mehl, 1/2 l Gelatine (mit Portwein aromatisiert), 2 schwarze Trüffeln (insgesamt ca. 80 g)
Die Rebhühner putzen, salzen und pfeffern. Knoblauch und Rosmarin fein hacken und mit 60 g Butter in eine ofenfeste Form geben. Die Rebhühner hineinsetzen und im heißen Rohr etwa 10 Minuten braten (sie sind dann innen noch blutig).
Den Bratfond beiseite stellen, das Geflügel entbeinen und dabei in je sechs Teile

tranchieren: 2 Schenkel, 2 Flügel und 2 Brusthälften. Das Fleisch auf einer Platte anrichten und in den Kühlschrank stellen.
In der Zwischenzeit die Innereien und die Karkasse im Mörser zerstoßen.
Den Bratfond mit warmem Wasser auffüllen und durch ein Sieb streichen. Das Mehl in der restlichen Butter anschwitzen, dann den Bratfond hinzufügen. Salzen und 3-4 Minuten durchkochen.
Innereien und Karkasse hinzufügen und einige Minuten leise mitkochen lassen.
Die Sauce zunächst durch die Gemüsemühle und dann durch ein feines Sieb passieren. Zum Schluß die Gelatine in die Sauce rühren.
Die Fleischteile auf ein Gitter setzen und mit der Gelatine bestreichen. Erstarren lassen.
Mit Trüffelraspeln und einem gemischten Salat servieren.

Schweinsragout in Portweinsauce

Zutaten: 750 g Schweinelende, 100 g Mehl, 150 g Butter, Salz, 1 Zwiebel, 2 Renetten, 200 ml Dry White Port, 5 g zerstoßene Fenchelsamen, 50 g Pinienkerne, 50 g Rosinen, für die Beilage 300 g Reis, Fleischbrühe

Das Fleisch klein würfeln und in Mehl wenden. In 80 g Butter anbraten und salzen.

Inzwischen die Zwiebel hacken, salzen und in der übrigen Butter dünsten, aber nicht bräunen.

Die Äpfel vierteln, schälen und in Würfel schneiden.

Das geröstete Schweinefleisch zur glasigen Zwiebel geben, einige Minuten mitbraten, dann die gewürfelten Äpfel hinzufügen.

Mit Portwein ablöschen. Die Fenchelsamen einstreuen. 15 Minuten durchköcheln, dann die Pinienkerne und die eingeweichten Rosinen hinzufügen. 2 Minuten mitkochen.

Für die Beilage den Reis in der Brühe dünsten (je nach Geschmack nachsalzen) oder mit Brühe auffüllen und 15 Minuten im heißen Backrohr garen.

Rinderfilet in Portwein

Zutaten: 6 Scheiben Rinderfilet à ca. 180 g, 80 g Rindermark (möglichst aus einem Stück), 1/2 Zitrone, 6 Weißbrotscheiben, 150 g Butter, 200 ml Tawny Port, 3 Gewürznelken, 1 Schalotte, Salz, Mehl zum Wenden, Pfeffer, nach Belieben etwas Speisestärke

Die Filetscheiben mit Küchenfaden umwickeln, damit sie auch beim Braten die Form behalten.

Das Mark 2 Minuten in mit Zitronensaft gesäuertem Wasser auskochen und abkühlen lassen. Aus den Weißbrotscheiben Kreise ausschneiden und mit 50 g Butter im Backofen rösten.

Den Portwein 5 Minuten mit den Gewürznelken, der in Ringe geschnittenen Schalotte und etwas Salz durchkochen. Sud durch ein Sieb gießen und warm halten.

Die Rinderfilets in Mehl wenden und in Butter braten. Salzen und pfeffern. Wenn sie auf beiden Seiten Farbe angenommen haben, mit Portwein übergießen und fertig garen. Zum Schluß auf jedes Filet eine Scheibe Rindermark legen.

Das Fleisch auf die gerösteten Brotscheiben setzen und mit Sauce überziehen.

Die Portweinsauce nach Wunsch mit etwas Speisestärke, die in etwas Wasser glattgerührt wurde, andicken.

Entenbrust in Portwein

Zutaten: 6 Entenbrüste à ca. 180 g, Salz, schwarzer Pfeffer, 6 Salbeiblätter, 1 Rosmarinzweig, 60 g Schweinenetz, 20 schwarze Pfefferkörner, 200 ml Ruby Port, Fleischbrühe, 10 g Speisestärke

Die Entenbrüste waschen, salzen und pfeffern. Mit Salbei- und Rosmarinblättchen bestreuen.

Das Schweinenetz in lauwarmem Wasser einweichen, abtropfen lassen und abtrocknen. Die Entenbrüste ins Schweinenetz wickeln und in eine ofenfeste Form legen. Mit den Pfefferkörnern bestreuen.

5 Minuten im heißen Rohr braten, dann mit Portwein übergießen. Weiterbraten, bis sich eine Sauce von sirupartiger Konsistenz bildet.

Das Fleisch aus der Form heben und warm stellen. Die Sauce in einen Topf umgießen und etwas Brühe, in der die Speisestärke aufgelöst wurde, hinzufügen. Auf lebhafter Flamme eindicken lassen.

Die Teller mit Sauce überziehen. Die Entenbrüste in Scheiben schneiden und darauf anrichten. Sofort heiß servieren.

Glasierte Zwiebeln

Zutaten: 600 g weiße Perlzwiebeln, Salz, Saft einer halben Zitrone, 150 g Butter, 50 g Zucker, 200 ml Ruby Port
Die Zwiebeln putzen und pellen. 5 Minuten in Salzwasser und Zitronensaft kochen.
In der Zwischenzeit 100 g Butter in einer Pfanne zerlassen. Den Zucker einstreuen und auf kleiner Flamme erhitzen, bis er zu karamelisieren beginnt. Den Portwein hinzugießen, gut verrühren und dann die Zwiebelchen hineinsetzen. Die Zwiebeln fertig garen und salzen. Die übrige Butter nach und nach hinzufügen, bis die Zwiebeln rundum glänzen.
Heiß servieren.

Champignons in Portweinsahne

Zutaten: 1200 g ungefähr gleich große Champignonkappen, 60 g Butter, Salz, 150 ml Ruby Port, 200 ml Sahne, weißer Pfeffer
Die Champignons gründlich säubern und von Erde und Krümeln befreien. Mit einem scharfen Messer häuten,

dann in der heißen Butter dünsten. Leicht salzen und mit dem Portwein übergießen.
Den Portwein auf die Hälfte einkochen lassen, dann die Sahne und den weißen Pfeffer hinzufügen.
Abdecken und 10 Minuten auf kleiner Flamme schmoren.
Die Pilze auf vorgewärmte Teller verteilen und mit der cremigen Sauce servieren.

Trüffeln in Portwein
Eine Kostbarkeit für Restaurants!

Zutaten: 750 g schwarze Trüffeln, 100 g Möhren, 100 g Stangensellerie, 100 g Zwiebeln, 60 g Schalotten, 120 g Butter, 2 Lorbeerblätter, 50 g gekochter Schinken, Thymian, 100 ml Ruby Port, Salz, Pfeffer, 1 Bund Petersilie
Die Trüffeln sehr vorsichtig und sorgfältig abbürsten und von Sand und Erde säubern.
Möhren, Sellerie, Zwiebeln und Schalotten fein würfeln und zusammen mit dem Lorbeer in 80 g Butter andünsten, aber nicht bräunen. Den in Streifen geschnit-

tenen Schinken, den Thymian und die Trüffeln hinzufügen. Den Portwein angießen, abdecken und im Backrohr 20 Minuten garen. Die Trüffeln wieder herausheben und warm halten. Die Sauce auf dem Herd eindicken lassen, mit der übrigen Butter verfeinern und mit Salz und Pfeffer abschmecken. Die Trüffeln wieder in die Form setzen, mit der Sauce überziehen und mit gehackter Petersilie bestreuen. Heiß servieren.

Sellerie vom Rohr

Zutaten: 6 Sellerieherzen, 200 g Pancetta, 100 g Butter, 100 g Möhren, 150 g Zwiebeln, Pfefferkörner, Salz, 300 ml Ruby Port, 20 g Speisestärke

Die äußeren Stengel und die Blätter des Selleries entfernen (und z.B. zu Brühe auskochen). Die Herzen der Länge nach halbieren und sorgfältig auswaschen. In sprudelndem Wasser blanchieren, abgießen und unter kaltem Wasser abschrecken.

Die Sellerieherzen abtrocknen, mit Pancetta umwickeln und in eine gebutterte Auflaufform setzen. Die gehackten Möhren, die Zwiebeln und die Pfeffer-

körner hinzufügen. Salzen und mit Portwein übergießen. Mit Wasser auffüllen, bis sie vollständig bedeckt sind und im heißen Rohr 1 Stunde garen.
Den Bratfond durch ein Sieb gießen und die in Wasser glattgerührte Speisestärke hinzufügen. Auf dem Herd eindicken lassen.
Die Sellerieherzen mit der Sauce überziehen und heiß servieren.

Portweinkartoffeln

Zutaten: 6 mittelgroße Kartoffeln, Salz, 150 g Butter, 200 ml Ruby Port, 150 g Prager Schinken
Die Kartoffeln schälen und 1 Minute in sprudelndem Salzwasser blanchieren.
Die Butter in einer ofenfesten Form zerlassen. Die Kartoffeln hineinsetzen und mit Portwein übergießen. 30 Minuten im 200 Grad heißen Rohr backen. Nach 20 Minuten die Kartoffeln mit Schinken umwickeln, wieder ins Rohr setzen und fertig garen.
Den Bratfond auf dem Herd einkochen lassen und die Kartoffeln damit glasieren.

Portweinsabayon

Zutaten: 6 Eigelbe, 180 g Zucker, 300 ml Sweet White Port

Die Eigelbe und den Zucker in eine Schüssel geben. Mit dem Schneebesen schaumig aufschlagen. Den Portwein hinzugießen.

Die Creme nun im Wasserbad aufschlagen, bis sie eindickt und zäh vom Löffel fließt. Sobald sie die gewünschte Konsistenz erreicht hat, vom Herd nehmen und in Portionsschalen füllen.

Nach Wunsch mit Schokoladenraspeln und Kirschen garnieren.

Wenn Sie die Sabayon kalt servieren möchten, in die noch warme Creme 15 g eingeweichte Gelatine rühren und abkühlen lassen.

Die Sabayon dann mit Schlagsahne garnieren.

Nach Belieben Löffelbiskuits oder Mürbeteigkekse dazu servieren.

Schokoladenbeignets
mit Portweinsauce

Zutaten für die Beignets: 150 g Wasser, Salz, 50 g Butter, 100 g Mehl, 3 Eier, Pflanzenöl zum Ausbacken, 50 g Puderzucker, 150 g Bitterschokolade
Für die Sauce: 1/2 l Vanillecreme, 100 ml LBV Port
Das Wasser mit einer Prise Salz und der Butter zum Kochen bringen. Das Mehl einstreuen und mit einem Holzlöffel gründlich verrühren.
Vom Herd nehmen und die Eier einzeln einarbeiten.
Mit zwei Löffeln walnußgroße Bällchen formen und im heißen Öl ausbacken. Sobald sich die Beignets aufplustern, aus dem Öl heben und auf Küchenkrepp abtropfen lassen.
Mit Puderzucker bestäuben, dann in die flüssige Schokolade (im Wasserbad schmelzen) tauchen.
Die Vanillecreme mit dem Portwein verrühren und portionsweise auf Teller verteilen.
Die Beignets darauf setzen und sofort servieren.

Geeistes »Soufflé« mit weißem Port

Zutaten: 5 Eier, 170 g Zucker, 50 ml Sweet White Port, 1/2 l geschlagene Sahne, Kakaopulver zum Garnieren

Die 5 Eigelbe mit dem Zucker in einen Topf geben. Etwas Portwein hinzufügen. Noch kalt cremig schlagen.

Die Eimasse im Wasserbad erwärmen und weiterschlagen, dabei darauf achten, daß das Wasser nicht zu kochen beginnt. Wenn die Creme dick und schaumig wirkt und ihr Volumen verdoppelt hat, vom Herd nehmen und in einen mit Eis gefüllten Behälter stellen. Weiterschlagen, bis die Creme vollständig erkaltet ist.

Jetzt den restlichen Portwein, das zu Schnee geschlagene Eiweiß und die Schlagsahne unterziehen und gleichmäßig verrühren.

Eine mindestens 3 cm hohe Manschette aus Pergamentpapier um eine Souffléform wickeln und mit einer Schnur festbinden. Die Eimasse in die Souffléform füllen und 2 Stunden im Gefrierschank fest werden lassen.

Vor dem Servieren die Papiermanschette abnehmen. Das »Soufflé« mit Kakaopulver bestäuben und mit Schlagsahne garnieren.

Nach Wunsch in der Mitte eine Vertiefung formen, heißen Port hineingießen und beim Servieren flambieren.

Bratäpfel in Portwein

Zutaten: 6 mittelgroße Renetten, 60 g Butter, 50 g Zucker, 300 ml Ruby Port, 50 g Mandelblättchen

Die Äpfel waschen. Mit einem Apfelstecher das Kernhaus sorgfältig herauslösen. Die Haut einschneiden, damit sie beim Braten nicht platzt.

Die Äpfel in eine gebutterte feuerfeste Form setzen.

Butter und Zucker verkneten und in die Äpfel füllen. Mit Portwein übergießen und bei 200 Grad rund 15 Minuten braten.

Die Äpfel auf Tellern anrichten. Den Bratfond durch ein Sieb gießen und über die Äpfel geben. Mit den Mandelblättchen bestreuen.

Heiß servieren.

Nach Wunsch Vanilleeis dazu anbieten.

Portweindrinks

Obwohl Port als Wein gilt, steht er auch im Regal eines Barkeepers. Es gibt nicht viele Mixgetränke mit Port. In den zwanziger Jahren erfreuten sie sich großer Beliebtheit, gerieten aber später in Vergessenheit. Ein paar Liebhaber gibt es jedoch immer noch.

Porto Flip: 1 TL Zucker oder Zuckersirup, 2/10 Eigelb, 2/10 Brandy, 6/10 Ruby Port im Shaker kräftig schütteln, dann in ein kleines Glas mit Stiel gießen. Mit Muskat überstäuben.

Yankee Invigator: 1 ganzes Ei, 2/10 Cognac, 2/10 starker Kaffee, 6/10 Ruby Port im Shaker schütteln, dann in eine Cocktailschale gießen.

Sunrise Port: 1 TL Vanillesirup, 6/10 Ruby Port, 2/10 Brandy, 2/10 Angostura Bitter, einige Tropfen Zitronensaft im Shaker schütteln, dann in ein kleines Glas mit Stiel gießen.

Bishop: In einem Grogglas 1 TL Zucker, 7/10 Ruby Port, 3/10 Wasser erhitzen. Sofort mit Zitronenschale servieren.

Bibliographie

H.P. Pellaprat, *L'arte della cucina moderna*, Sansoni Editore, 1968

A. Simon, *I vini del mondo*, Bearbeitung von S. Sutcliffe, Callardi Editore, 1985

A. Jefford, *Port. An essential guide to the classic drink*, Merehurst Press, 1988

C. Lecouty, *Le Porto*, Robert Laffont, 1989

H. Johnson, *Der neue Weinatlas,* Hallwag, 1996

H. Johnson, *Der große Johnson,* Hallwag, 1997

F. Arrigoni, *Felicemente in Porto*, in: »Gambero Rosso«, März 1992

N. Stefi, *Il Porto*, in: »L'etichetta«, November 1992

Il piacere del vino, Slow Food Editore, 1993

L. del Sette, M. Sabellico, *Cocktail*, Gambero Rosso Editore, 1994

G. Vaccarini, *Enografia internazionale*, Associazione Italiana Sommeliers, 1995

M. Sabellico, *Il Porto*, in: »Gambero Rosso«, November 1996

INHALT

Geschichte des Portweins

Herstellung und Weinbau

Bräuche und Traditionen

Ein »moderner« Wein

Rezepte

GENIESSER BIBLIOTHEK

Jeder Band entführt in die wunderbare Welt von Speisen und Getränken mit ihrer Geschichte, Verwendung und köstlichen Rezepten.

Unser gesamtes Programm finden Sie unter:
www.verlagshaus.com

FLECHSIG